ANÁLISE TÉCNICA PARA FOREX EXPLICADA

WAYNE WALKER

© Direitos Autorais 2017 por Wayne Walker, Todos os direitos reservados.

Este livro foi escrito com o objetivo de fornecer informações tão precisas e confiáveis quanto possível. Os profissionais devem ser consultados conforme necessário antes de empreender qualquer uma das ações aqui endossadas.

Esta declaração é considerada justa e válida tanto pela Ordem dos Advogados Americana quanto pela Associação do Comitê de Editores e é legalmente obrigatória em todos os Estados Unidos.

Além disso, a transmissão, duplicação ou reprodução de qualquer um dos seguintes trabalhos, incluindo informações precisas, será considerada um ato ilegal, independentemente de ser feito eletronicamente ou em papel. A legalidade se estende à criação de uma cópia secundária ou terciária da obra ou uma cópia registrada e só é permitida com o consentimento expresso por escrito da Editora. Todos os direitos adicionais são reservados.

As informações nas páginas seguintes são amplamente consideradas como um relato verdadeiro e preciso dos fatos e, como tal, qualquer desatenção, uso ou mau uso das informações em questão pelo leitor tornará qualquer ação resultante unicamente sob sua responsabilidade. Não há cenários em que o editor ou o autor original desta obra possa ser de alguma forma considerado responsável por qualquer dificuldade ou dano que possa lhes ocorrer após empreender as informações aqui descritas.

ÍNDICE

INTRODUÇÃO 5

CAPÍTULO 1: Câmbio Estrangeiro 7

CAPÍTULO 2: Análise Técnica Prática 17

CAPÍTULO 3: Indicadores de Análise Técnica 23

CAPÍTULO 4: Análise Técnica VS. Fundamental...................... 31

CAPÍTULO 5: Guia de Análise Técnica de Trade Rápido 37

CAPÍTULO 6: Táticas de Trade 43

CAPÍTULO 7: Transição de Demo para Trade Ao Vivo 51

CAPÍTULO 8: Selecionando um Parceiro de Trade................ 55

CONCLUSÃO 59

PERFIL DO AUTOR 61

INTRODUÇÃO

Parabéns por sua cópia pessoal de Análise Técnica para Forex Explicada. Este livro garantirá que você esteja equipado para começar a usar a análise técnica para negociação forex e executar as estratégias que acompanham o livro. Também examinaremos diversos indicadores de análise técnica que podem aumentar sua capacidade de lucro.

O livro é principalmente sobre análise técnica, embora a análise técnica não opere no vácuo, há vários outros fatores em jogo quando você está negociando. Começamos com uma breve revisão do mercado de forex já que este livro é uma análise técnica para forex (se você sabe tudo o que há para saber sobre forex você pode pular as primeiras páginas e ir direto para a seção de análise técnica).

Os capítulos finais exploram táticas de trade estratégicas que você pode começar a usar imediatamente, juntamente com uma seção sobre como fazer a transição de demo para o trade ao vivo. A seção de transição provou ser benéfica para traders de todos os tipos, desde novatos até os mais experientes que já estão negociando há algum tempo. Para os apressados, o Guia de Análise Técnica de Trade Rápido, também nos capítulos posteriores, pode fazer com que você inicie a negociação quase imediatamente. Muitas das técnicas de trade rápido têm sido usadas por meus antigos alunos para vencer a Competição Comercial Nórdica na Europa.

Há muitos livros no mercado, obrigado por ter escolhido este.

CAPÍTULO 1
Câmbio Estrangeiro

O que é forex? Ou como muitos chamam, FX, é o mercado de maior liquidez do mundo com um faturamento diário de mais de 4 trilhões de dólares. Agora se este número é de 4,4 trilhões ou 4,5 trilhões, não é tão importante ficar preso a isso, o ponto a ser entendido é que muitas pessoas estão negociando forex. Este é, de longe, o mercado mais líquido do mundo, o segundo mal está próximo. Por exemplo, um dia de forex é aproximadamente 2 a 3 meses de volume de negociação na Bolsa de Valores de Nova Iorque (NYSE).

É negociado OTC, indicando que não há uma bolsa central. Este termo OTC significa mercado de balcão (over-the-counter), o que implica que os parâmetros, as regras de como você negocia são determinados por sua contraparte, não há um órgão central, não há um centro de câmbio. Quanto à negociação, é 24/5, das 5 da manhã da segunda-feira de Sydney até as 5 da tarde de sexta-feira de Nova Iorque. Para muitas pessoas este componente de vinte e quatro horas é uma vantagem, porque, ao contrário de outros mercados, por exemplo, o mercado de ações que tem horas de negociação que normalmente são apenas de nove a cinco, oito a quatro, ou oito a cinco, dependendo do país. Se você está trabalhando ou dirigindo um negócio, então ter a opção de negociar antes ou depois do trabalho é uma vantagem, e esta é outra das atrações que o forex oferece para muitas pessoas.

Os centros e participantes do forex

Em relação à origem do volume, a maior parte é de Londres, Nova Iorque, Tóquio, Cingapura, mais a França e a Alemanha, que agora fazem parte da zona do euro. A Suíça, Hong Kong e Austrália preenchem o restante das principais moedas. Em seguida, temos as exóticas, que são cerca de 18% do mercado. É aqui que você verá muito do que chamamos de moedas menores e algumas exóticas. Por exemplo, a coroa dinamarquesa, a coroa sueca, o dinar iraquiano, o shekel israelense estão neste grupo. Para nosso foco, será o dólar americano, o euro, a libra esterlina, o iene e o franco suíço, não tanto as moedas menores. Entretanto, não é uma regra ou uma tentativa de sugerir que você não deve negociar essas moedas menores, porque se você é desses países ou se você as estudou ou tem alguma razão para estar bastante familiarizado com elas, então com certeza você pode ir em frente e considerá-las. Fora destas razões, eu sugeriria que você realmente queira se concentrar nas moedas principais.

Bancos Comerciais

Eles negociam para seus clientes e também terão traders proprietários que especulam com os fundos de seus bancos. Isto significa simplesmente traders que realmente negociam com o dinheiro do banco. Muitas pessoas que trabalham em um banco terão o título de trader, mas o que eles estão fazendo é o que chamamos de execução de negócios. Por exemplo, em um banco para o qual eu trabalhei, uma das coisas que fiz foi executar negócios como membro de uma equipe de execução. Se um cliente quisesse colocar uma negociação ligando com o pedido, "Eu quero comprar dez milhões de Eurodollars", eu compraria para ele.

Os fundos de hedge também são agentes do mercado para investir e especular. Entretanto, tenha em mente que para ter acesso à maioria dos fundos de hedge você precisará ser classificado como um investidor credenciado (200K USD em renda ou 1 milhão de USD em ativos sem contar sua residência principal).

Especulação Privada

Então você tem, é claro, os traders privados, você, eu, e todos os outros. Você também terá transações diárias, isto é, com o câmbio físico (papel-moeda). O foco da análise técnica deste livro será o que chamamos de câmbio especulativo, que é sobre movimentos de preços, mas os dois mercados, o especulativo e o mundo real do papel-moeda, cumprem com o critério do preço.

EUR / USD since 1999

(Movimentos do Eurodollar desde 1999)

Por exemplo, com o Eurodollar, quando o euro saiu pela primeira vez, por um euro, você teria recebido noventa centavos em 2001, então em termos simples o euro era mais fraco do que o dólar naquela época. Avançando para 2008 uma história completamente diferente, o Euro era significativamente mais forte do que o Dólar. É claro que as coisas podem mudar, o Eurodollar de 2012 estava sendo negociado a 1,31 e na verdade está sendo negociado ainda mais baixo agora. Esta é a especulação cambial, os movimentos de preços.

INVESTOR IN EUROPE BOUGHT A HOUSE IN FLORIDA:

BOUGHT IN 2001:
PRICE USD 500.000 = EUR/USD 0,9000   EUR 555.555

SOLD IN 2008:
PRICE USD 500.000 = EUR/USD 1,6000   EUR 312.500

USD declined 44% against the EUR from 2001 to 2008

Agora, com o mercado físico, o mundo precisa se encontrar. Como visto na imagem acima, usamos o exemplo de uma pessoa na Europa comprando uma casa na Flórida para ilustrar quando o Euro saiu em 2001. Nosso comprador comprou a casa pelo preço de meio milhão de dólares, mas como o Euro era mais fraco do que o dólar, eles tiveram que pagar a mais. Neste caso eles pagaram quinhentos e cinquenta e cinco mil em euros para conseguir aquela casa. Em 2008, porque o dólar caiu, aquela mesma casa que custava meio milhão mais em euros, eles poderiam tê-la comprado por trezentos e doze mil euros. Uma enorme diferença! E é aqui que, como mencionado, as divisas especulativas e o mundo físico precisam se encontrar.

O que realmente move este mercado?

Rumores, dados e relatórios econômicos, coisas infelizes como guerra, terrorismo, nunca são legais, mas têm influência sobre o mercado. Há uma seção de análise de pequenos fundamentos mais adiante no livro para que você possa ler mais.

Por que operar FX?

Definitivamente, é a capacidade de ir longo ou curto, como dizemos. Longo significa que estamos comprando, é com isso que a maioria de nós está familiarizada. Você compra algo negociando a um euro, você vende a três, quatro ou cinco. A maioria se sente confortável com isto, é com isto que fomos criados, negociando com sabedoria. Agora, com as moedas estrangeiras, há a opção de ir curto. Por exemplo, você pode vender algo negociando a cem dólares e se cair para cinquenta, isso é ótimo, então você embolsará a diferença de cinquenta dólares.

A seguir está a correlação relativamente baixa com outras classes de ativos, o forex é apenas um mercado de câmbio, pessoalmente e para outros comerciantes, é simplesmente outra classe de ativos, não é a melhor coisa para negociar, não é a pior, é outra forma de estar no mercado. Por exemplo, você tem as outras classes de ativos, commodities, imóveis, papel ou títulos do governo, forex é simplesmente outra classe.

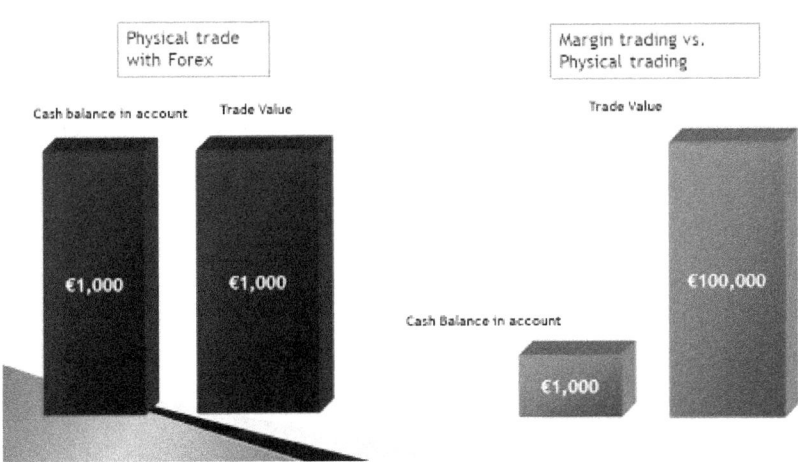

(Diferença entre forex físico e especulativo)

Em relação à negociação física, dando uma olhada em nosso gráfico acima, à esquerda você tem um saldo de caixa de mil euros, o máximo que você pode realmente tirar (exposição ao mercado) no mercado é de mil euros, isto é, no mercado físico, ou se você estava negociando ações físicas, o conceito é similar. O que vamos tratar é da direita, a negociação com margem. Algumas pessoas chamam isso de alavancagem, você também ouvirá o termo alavancagem e é negociar "como se". Por exemplo, se você tem mil euros, você pode tirar uma posição de cem mil euros ou mais dependendo de sua corretora e o que isso significa é que você pode ter um lucro *como se* tivesse cem mil euros e também pode tirar um prejuízo como se você tivesse cem mil euros. Obviamente, com este tipo de alavancagem, a gestão de risco é fundamental. É aqui que as ordens de três vias podem entrar em jogo para ajudar na gestão de riscos.

Alguns termos básicos

Moeda base: Esta é sua exposição e esta é também a moeda que é negociada.

Moeda variável: É assim que seu lucro e perda ou P e L (profit/loss) é calculado. Por exemplo, com o Eurodollar, a moeda base é o Euro e a variável é o Dólar.

Basic FX terms

- EURUSD 1.5800
  1 EUR=1.5800 USD

- The Spread(Bid-Ask)

- Bid-Ask
  1.5800-1.5802
  0.0002(2 pips)

(Eurodollar a 1,5800, significa que por um euro você recebe 1,58 dólares)

O spread: É a diferença entre o preço de compra e de venda, é assim que os bancos ganham seu dinheiro. Temos o preço de compra 1,5800 à esquerda, este é o preço que você receberá quando chegar a hora de vender. À direita, o preço de compra 1,5802, isto é o que você terá que pagar quando quiser comprar. Neste exemplo, temos um spread de dois pips e isto é o que seu banco ou corretora manterá como renda para si mesmo.

Revisão básica

Se você está longo, você está comprando, indo longo a cinquenta, então você quer que o preço suba para cinquenta e um, cinquenta e dois ou mais. Se você está indo curto, você está vendendo e precisa que o preço caia, se estiver curto em cinquenta, você precisa que o preço caia abaixo de cinquenta para lucrar. E se você for quadrado, significa que você não tem exposição ao mercado, suas posições estão fechadas. Para fechar uma posição longa de meio milhão de Eurodollars, você precisará vender meio milhão de Eurodollar. Isso removerá sua exposição.

Mais termos básicos

Cable (GBP/USD): É a libra esterlina em relação ao dólar e isso você ouvirá bastante entre os traders.
Swissy (CHF): O franco suíço
Aussie (AUD): O dólar australiano
Kiwi (NZD): O dólar neozelandês
Loonie (CAD): O dólar canadense
ZAR: O rand sul-africano
RUB: O rublo russo

Zloty (PLN): O zloty polonês

"O número": Significa que é tudo zeros no final do preço cotado. Em uma situação de cotação, em vez de dizer "um ponto dois zero zero zero" (1.2000), em uma sala de negociação você diria "um ponto dois o número".

Parada: Indica que suas posições foram fechadas, todas elas, e você estará em uma situação de stop out se não tiver fundos suficientes para cobrir a exigência de margem de suas posições abertas.

CAPÍTULO 2
Análise Técnica Prática

O ponto-chave para fazer dinheiro com análise técnica é identificar a tendência e o comércio juntamente com ela. As tendências revelam para você onde os preços são mais prováveis no futuro. Se a tendência de um par de moedas está caminhando para cima, então você precisa comprar o par de moedas para ganhar dinheiro. Se a tendência de um par de moedas está começando a descer, você precisa vender o par de moedas para lucrar. Se a tendência de um par de moedas for lateral, sem direção clara, você precisa ou colocar ordens contingentes (não negociações) ou esperar até que uma tendência clara para cima ou para baixo seja estabelecida antes de negociar. Não é recomendável combater a tendência, se você optar por fazê-lo, na maioria dos casos será uma experiência cara para **você**.

As tendências normalmente não se movem para cima ou para baixo de forma direta. Elas normalmente se movem em uma direção por um período de tempo e depois retrocedem temporariamente parte do movimento anterior antes de continuar na direção original. Toda vez que um par de moedas se retrai e começa a se mover na direção oposta, ele forma uma nova alta ou uma nova baixa. Por exemplo, com o câmbio, novas altas se formam quando um par de moedas se move para cima e depois se vira e se move para baixo. Formam-se novas baixas quando um par de moedas se move para baixo e depois se vira e se move para cima. A identificação destas altas e baixas permite identificar se um par de moedas está em uma tendência ascendente, uma tendência descendente ou uma tendência lateral.

Tendência para cima - Os mercados que têm tendência para cima formam uma série de altos e baixos mais altos.

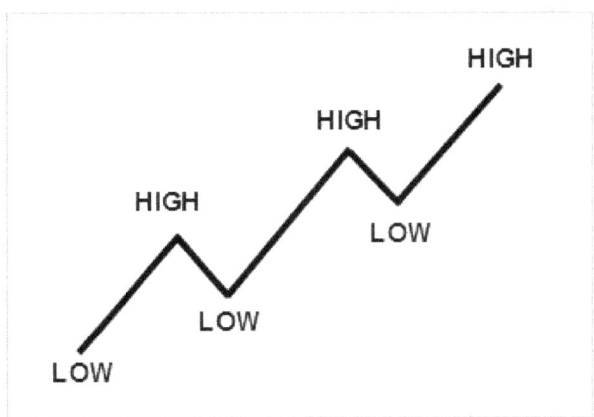

Tendência para baixo - Os mercados que apresentam tendências para baixo formam uma série de altos e baixos mais baixos.

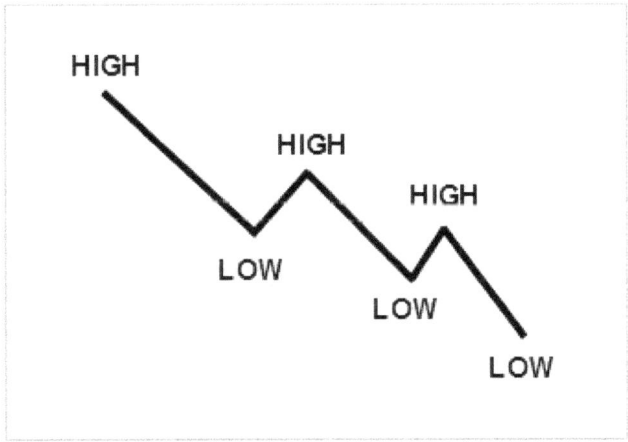

Tendência lateral – Os pares de moedas com tendência lateral formam uma série de altas que estão aproximadamente no mesmo nível de preço e uma série de baixas que estão aproximadamente no mesmo nível de preço.

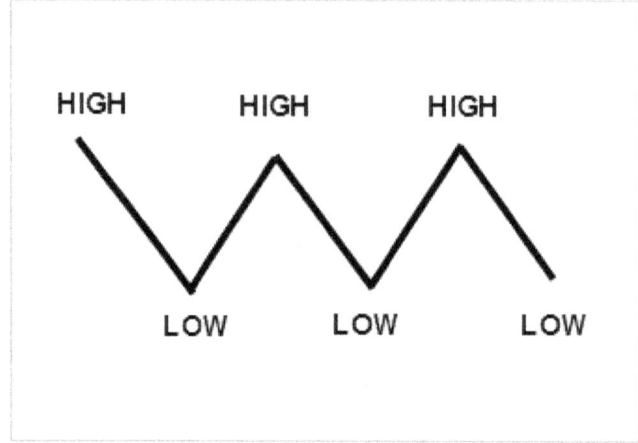

Tendências - Sejam tendências de alta, baixa ou lateral - podem se formar ao longo de vários períodos de tempo. Identificar as seguintes tendências ao longo de cada período de tempo e ser capaz de alinhá-las em sua análise é crucial para seu sucesso como trader de Forex.

Definição de um gráfico de candelabro

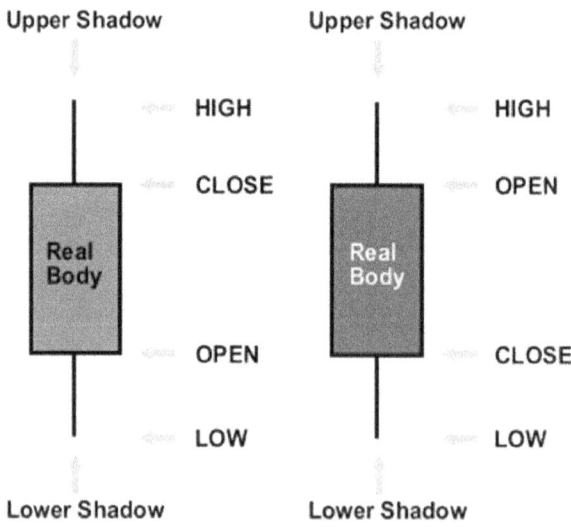

Comecemos por definir um candelabro. Um candelabro é uma linha em um gráfico que representa um ponto e mostra o alto, baixo, aberto e fechado para cada período.

Por exemplo, se tivermos um gráfico diário, cada candelabro representa um dia e mostrará o alto, o baixo, o aberto e o fechado para aquele dia. Em muitas plataformas, um candelabro vermelho significa que o preço de fechamento é inferior ao preço de abertura para aquele período. Um candelabro verde significa que o preço de fechamento é mais alto do que o preço de abertura para aquele período.

CAPÍTULO 3
Indicadores de Análise Técnica

Vamos dar uma olhada nos indicadores de Médias Móveis, RSI e Bandas de Bollinger.

Primeiro são as Médias Móveis, e são úteis porque facilitam a identificação de uma tendência. Isto é fundamental com o câmbio ou alguns dos outros derivativos onde um mercado para cima é bom e um mercado para baixo também é bom. Portanto, tudo o que precisamos fazer é identificar ou detectar esta tendência. Para ilustrar, uma média móvel de cinquenta dias soma os preços de fechamento dos últimos cinquenta dias, divide por cinquenta e traça um ponto no gráfico para cada dia.

Gráfico de Média Móvel:

Vamos rever algumas configurações básicas com o indicador de média móvel. Se temos configurações (no quadro acima) de MA dez, MA cinquenta, então dez é o curto prazo, cinquenta é o longo prazo. A média móvel mais curta, se esta estiver acima da mais longa, a tendência é considerada ascendente. Se a média móvel mais curta estiver abaixo da média móvel mais longa, então a tendência é considerada para baixo. Em um gráfico, se você vir que o dez está quebrando abaixo do cinquenta, o longo prazo neste exemplo, que poderia ser tomado como o sinal inicial de um sinal de venda.

Com as médias móveis, os sinais de compra e venda são gerados pelo cruzamento de preços acima ou abaixo da linha média móvel. Há um termo que você ouvirá muito se estiver ao redor do pessoal de análise técnica, é chamado de cruz de ouro e significa que o curto prazo se rompe acima do longo prazo. O exemplo que temos é dez e cinquenta, mas poderia ter sido vinte e trinta, quinze e dezessete, depende do trader e do instrumento que eles estão negociando.

Índice de Força Relativa (RSI)

O gráfico RSI é visível abaixo do gráfico EUR/USD.

O RSI, que é o Índice de Força Relativa, é usado para identificar se o mercado (ações, par de moedas, etc.) está sobre-comprado ou sobre-vendido. Ele tem um índice de zero a cem. O RSI corresponde mais ou menos ao que está acontecendo no gráfico e deveria. As leituras abaixo de trinta indicam que o mercado pode estar sobre-vendido e quando você vê ou ouve o termo sobre-vendido, significa venda excessiva. Leituras acima de setenta indicam que o mercado talvez tenha comprado em excesso, comprado em excesso. Tenha em mente que estas são indicações, elas não são garantias de nada. Como nota, o mercado pode permanecer sobre-comprado ou sobre-vendido por um período considerável de tempo. O RSI é um indicador líder, ele começa a dar sinais antes que a tendência tenha começado.

Bandas de Bollinger

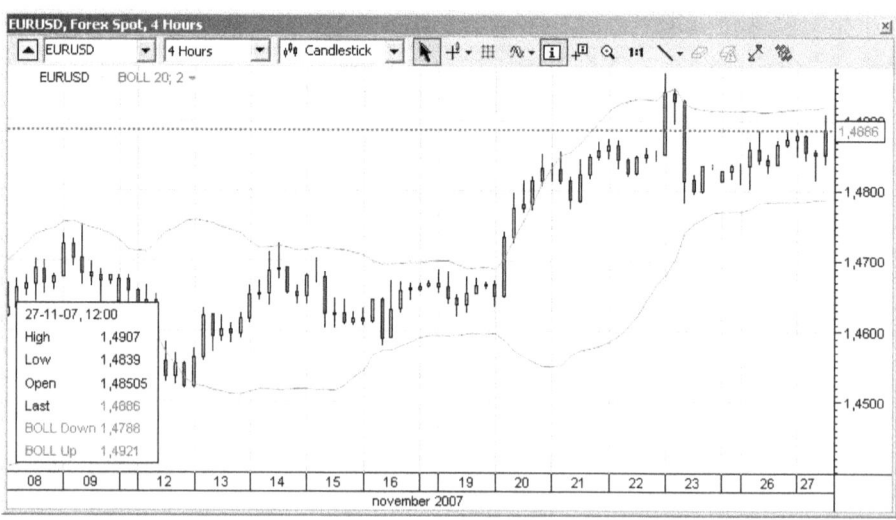

As Bandas de Bollinger são uma ferramenta que muitos investidores e traders usam quando querem acrescentar diferentes aspectos de análise técnica aos negócios que têm abertos. Elas são usadas para medir a volatilidade do mercado. As faixas definem os limites superior e inferior da faixa de negociação. Quando você vê as faixas em um gráfico (mostrado acima), você terá uma faixa superior e uma inferior, o espaço entre a faixa superior e a inferior, muitas pessoas chamam isto de canal de compra - venda. Você usa o espaço entre as bandas para ter uma ideia de onde você está dentro da faixa de negociação. Se você estiver perto do topo, você sabe que está perto do nível de resistência e que há um potencial para uma inversão de preço (o mercado muda de direção). Se você estiver na base, você sabe que está perto do nível de suporte para uma possível inversão de preço lá. Na maioria das vezes, os preços permanecem entre as faixas. Se o preço começar a disparar, as pessoas tomam isso como um sinal, então você precisa estar ciente disso.

Entendendo os Níveis de Apoio e Resistência

O nível de apoio é o nível de preço no qual o instrumento negociado tem tido historicamente dificuldade de cair abaixo. Por exemplo, se tivermos apoio em torno de 1,4380, você poderia ver em um gráfico que o mercado esteve várias vezes a esse nível (1,4380) sem cair abaixo, então em jargão de análise técnica isto seria considerado um nível de suporte.

O nível de resistência é exatamente o oposto, o nível de preço no qual o instrumento tem tido historicamente dificuldades de comercialização acima.

Chart patterns similar to the letters M & W

Padrões de gráficos "W" duplo fundo ou "M" duplo topo

Padrões de gráficos nos quais o preço cotado para o instrumento subjacente se move em um padrão similar à letra "W" (duplo fundo) ou "M" (duplo topo). A dupla análise superior e inferior é utilizada na análise técnica para explicar movimentos em um título ou outros investimentos, e pode ser usada como parte de uma estratégia de trade para explorar padrões recorrentes. Uma dupla parte superior e uma dupla parte inferior são ambos padrões de inversão de tendências.

Um **duplo fundo** tende a ocorrer após uma forte tendência para baixo, e indica que uma tendência para cima pode ser iminente. Os "fundos" são vales que são formados quando o preço atinge um determinado nível de suporte que não pode ser quebrado. Depois de atingir este nível, o preço ricocheteia ligeiramente antes de voltar a testar o nível novamente. Se o preço ricochetear no suporte uma segunda vez, então você tem uma formação de duplo fundo. Se o segundo fundo não puder quebrar o baixo do primeiro, então este é um forte sinal de que uma inversão vai acontecer. Uma "linha de pescoço" é desenhada na parte alta entre os dois "fundos". Com um fundo duplo, você poderia pensar em colocar sua longa ordem de entrada acima da 'linha de pescoço' porque você está esperando que a tendência mude para cima.

Um **duplo topo** é normalmente formado depois que há uma tendência de subida prolongada, e indica que uma tendência de descida pode ser iminente. Os "topos" são picos que são formados quando o preço atinge um certo nível de resistência que não pode ser quebrado. Depois de atingir este nível, o preço ricocheteia ligeiramente, mas depois volta para testar o nível novamente. Se o preço ricochetear nesse nível novamente, então você terá um duplo topo. Se o segundo topo não conseguir quebrar a alta do primeiro topo, então este é um sinal forte de que uma inversão vai acontecer. Uma 'linha de pescoço' é desenhado na parte baixa entre os dois 'topos'.

Com um duplo topo, você poderia pensar em colocar sua ordem curta de entrada abaixo da 'linha do pescoço' porque você está esperando a tendência de mudança para baixo.

CAPÍTULO 4
Análise Técnica VS. Fundamental

Examinamos agora a diferença entre análise técnica e fundamental. Este é um tópico onde tem havido bastante debate, particularmente com os traders. Você terá os fãs técnicos em um canto, depois terá os fãs fundamentais em outro e todos estão lutando por qual método é o melhor. Vamos analisá-los com base em seus méritos individuais.

Análise técnica significa que você está usando indicadores de análise técnica, por exemplo, médias móveis, o que ajuda a identificar a tendência, e talvez outro dos indicadores, por exemplo, o RSI (Índice de Força Relativa) para ver se o mercado está sobre-comprado ou sobre-vendido.

Análise fundamental, isto é, quando você leva em consideração, por exemplo, se olharmos para o mercado de ações, os diretores negociando, a participação da empresa no mercado, o que está no pipeline de produtos, a relação P/E, etc. Estas áreas são relevantes quando você está procurando investir em ações. Para as pessoas que são chamadas de comerciantes fundamentais, elas basicamente se ater a este tipo de análise e dizem que esta é a melhor maneira de se chegar a uma decisão de trade. Minha opinião e a de meus colegas é que isso realmente depende disso. Quando eu digo depende, quero dizer, do seu prazo.

Digamos que você é um day trader, day traders abrem e fecham suas ordens ou trades no mesmo dia. Ou você pode ir ao extremo que é chamado de scalping, e entre os scalpers você também terá pessoas que são classificadas como scalpers extremos, eles terão posições abertas de um ou dois segundos a talvez um minuto. E com esses traders, quando estiverem neste tipo de negociação agressiva, utilizando análises fundamentais sobre a participação de mercado da empresa e o desenvolvimento de produtos, não os ajudará muito, pois o prazo é de apenas alguns segundos. Mas se formos para o outro lado, e você estiver neste período de tempo de investimento, para mim, o investimento incluiria investidores que preferem manter posições ou assumir uma negociação que durará de um ano, até dois, três, ou mesmo cinco anos. Então, se você estiver investindo, prestar atenção à rápida mudança de gráficos de um minuto ou outras ferramentas de análise técnica de curto prazo é insensato, estes não são realmente aplicáveis. Na realidade, não há esta competição entre técnico ou fundamental, o que eu digo é que ela realmente se resume ao seu prazo. Uma vez que você decida qual é seu prazo, então você usará as ferramentas apropriadas. Se você pretende fazer trade de curto prazo, sua principal ferramenta será a análise técnica, mas se você tiver um prazo maior, então você estará olhando mais para a análise fundamental porque com este horizonte de tempo mais longo você precisará de mais dados.

Calendário Econômico (um aperitivo de análise fundamental)

Vamos dar uma rápida olhada nos relatórios de mercado que mais importam. Bancos centrais, CPI, folha de pagamento Nonfarm, Housing Starts.

Bancos Centrais: Temos o FOMC, BOE, BCE. O mercado dá muita atenção a estas reuniões, principalmente através do Federal Reserve e seu Federal Open Market Committee-FOMC. Claramente, o Banco da Inglaterra-BOE, Banco Central Europeu - BCE, também são relatórios e reuniões muito importantes às quais prestamos atenção. Eles se reúnem uma vez por mês para determinar a política monetária de sua moeda específica. Ultimamente tem havido muito foco em relação ao Banco Popular da China, porque obviamente esse banco em particular agora tem bastante influência nos mercados financeiros.

Por que devemos nos importar? As mudanças nestas taxas de juros, afetarão tudo, desde o financiamento, até os títulos, definitivamente o mercado de ações, mas a chave para estes relatórios ou qualquer um dos relatórios econômicos é que essas decisões sejam tomadas de forma diferente do que o mercado esperava. Assim, por exemplo, se houvesse uma expectativa de um corte de 25 pontos-base na taxa de juros e então, quando anunciado, é um corte de 25 pontos-base, você poderia ver alguns movimentos de mercado, mas nada de tão dramático deveria acontecer porque esse corte já estava cotado no mercado. Se acontecer de esperarmos um corte de 25 pontos-base e recebermos 50, agora que isso é visivelmente diferente, é provável que você veja alguns fogos de artifício explodindo dentro do mercado.

O CPI: O Índice de Preços ao Consumidor (CPI) é uma medida do preço médio de uma cesta fixa de bens e serviços. Em termos simples, estamos analisando a taxa de inflação. Por que nos preocupamos com isso? Nos EUA, é definitivamente um dos indicadores de inflação mais observados. Fora dos EUA, seja na Europa, na Ásia ou em qualquer outro lugar, seu CPI particular é observado de perto pelo mercado e influenciará a forma como as taxas de juros são fixadas sobre empréstimos, hipotecas, títulos, etc.

Folhas de Pagamento Nonfarm: Um dos maiores relatórios para os traders. Ele dá o número de funcionários que trabalham em empresas americanas. Empregos nonfarm, portanto, não-agrícolas. Por que nos importamos? Dá uma visão abrangente de quantas pessoas estão trabalhando, procurando trabalho, quanto ganham, basicamente um retrato do mercado de trabalho dentro dos Estados Unidos.

Housing Starts: Mede a construção inicial de casas unifamiliares de família unipessoal a cada mês. Por que nos importamos? Em duas palavras, o efeito de ondulação! O mercado presta atenção às casas, seja nos Estados Unidos ou em qualquer outro lugar, devido a este efeito de ondulação. A construção de casas, 10, 20 casas, um complexo de apartamentos, se agita em toda a economia. Você verá exemplos disso com o emprego de pessoas para construir as casas, móveis para essas casas, utilidades, e até mesmo com o comércio porque os materiais podem precisar ser importados para construir essas casas. Claramente, estas ondulações são perceptíveis e os economistas prestam muita atenção aos números iniciais das casas.

CAPÍTULO 5
Guia de Análise Técnica de Trade Rápido

Quadro de Tempo

Prazo, o fator mais crítico de uma decisão de trade. A decisão de comprar ou vender sempre começa com o prazo. Um sinal para comprar ou vender para um comerciante de dia é diferente de um day trader e, na maioria dos casos, extremamente diferente de um comerciante/investidor de longo prazo. Os exemplos que usaremos são baseados em prazos de trade de curto prazo/dia.

Day trading – Fechar posições dentro de 24 horas

Swing trading – Manter trades abertos de algumas horas a alguns dias, no máximo

Para traders de curto prazo, um gráfico de 1 hora é bom para obter uma visão geral do mercado e, em seguida, tomar a decisão de negociar fora do gráfico de 30 ou 15 minutos. Quanto mais curto for seu horizonte de tempo de negociação, mais curto será o período de tempo do gráfico.

Dica: Um dos muitos benefícios que você desfrutará ao utilizar múltiplos períodos de tempo em suas negociações é que você verá o mercado de forex a partir das perspectivas de muitos tipos diferentes de traders. Ao olhar tanto para os gráficos de curto como de longo prazo, você estará ciente do que tanto os negociadores de curto como de longo prazo estão observando. Isto ajudará a evitar que você seja pego desprevenido por qualquer movimento repentino de preços.

Ao utilizar as configurações acima, é recomendado que você crie gráficos dos diferentes períodos de tempo e os deixe abertos em sua plataforma comercial. Isto tornará mais eficiente a negociação.

Horário e sua localização no canal comprar – vender

Uma vez estabelecido o prazo, você precisa localizar onde você está no canal de compra e venda (o canal de trade é a área entre as faixas alta e baixa das Bandas de Bollinger). Se você estiver próximo ao topo do canal que indica que você está próximo a um nível de reversão potencial (onde o mercado gira/inverte), por exemplo, se estiver subindo, ele de repente desce. Se estiver na parte inferior e o mercado se dirigir para cima, é também um nível de inversão.

O que fazer em níveis de inversão

É aqui que a negociação se torna um pouco complicada. Só porque estamos em um nível de inversão ou perto dele, não há garantia de que ele se reverterá. Poderíamos também obter uma ruptura (o mercado está indo acima/abaixo dos níveis de resistência ou suporte conhecidos). Uma dica para descobrir o que fazer a seguir, é simplesmente rever o gráfico para movimentos passados do mercado (subiu ou desceu) no nível de preço que você está olhando. Isto é para ver o que aconteceu no mercado na última vez que o preço esteve lá. Isto é importante porque a "pessoa" central aqui é o mercado e não você). Por exemplo, se o mercado desceu, há uma boa chance de que ele faça isso novamente. Entretanto, isto NÃO é uma garantia, e você também precisa estar ciente de dados fundamentais (relatório de notícias, dados econômicos), pois isto poderia afastar tudo do resultado da última vez.

Se você ainda não tem uma posição aberta, e o mercado está em um nível de inversão potencial, uma maneira de negociá-la é estabelecendo uma ordem de compra acima do nível de inversão. Portanto, se o mercado conseguir a inversão, então você está dentro. A ordem de compra também faz parte de sua gestão de risco porque só há dinheiro em cima da mesa se ela for executada e se tornar uma negociação.

Após descobrir onde você está no canal de compra e venda, você agora quer prestar atenção ao RSI e ao que ele está lhe dizendo. Você precisa ter uma correspondência entre isso e sua execução comercial. Se o RSI estiver nos níveis de compra excessiva e você estiver perto dos níveis de reversão nas Bandas de Bollinger, então é um sinal de uma boa oportunidade de venda potencial.

Sinais de compra ideais

Idealmente em um sinal de compra você quer que seu RSI esteja subindo de ou perto dos níveis 30-40, dando bom espaço/oportunidade para subir. Ao mesmo tempo, você também quer que o mercado esteja localizado/operando perto da parte inferior do canal nas Bandas Bollinger.

Finalmente, se usar os gráficos de candelabros, você vai querer que eles sejam verdes (preços fechando para cima). Como você pode ver, precisamos ver os mesmos dados (para cima) de nossas ferramentas.

Olhando para os bastões de vela vermelhos (preços fechando mais baixo) e os níveis de RSI sobre-compra (compra excessiva) é um sinal misto. Isto lhe diz para "ficar de lado"... não negociar até que as coisas fiquem mais claras.

Sinais de venda ideais

Um sinal de venda ideal é simplesmente o oposto do acima mencionado. Em outras palavras, seu RSI descerá dos níveis 70-80. Ao mesmo tempo, você também quer que o mercado esteja localizado/operando próximo ao topo do canal nas Bandas Bollinger. Finalmente, se usar os gráficos de candelabros, você vai querer que eles fiquem vermelhos (preços fechando).

Finalizando

O ideal é executar um trade a partir do momento em que as coisas estejam o mais próximo possível do ideal. Quando confrontado com áreas cinzentas/decididas, sugiro que você use ordens de stop de compra ou venda. As ordens NÃO são negociaçoes, portanto nenhum dinheiro está em risco até que sejam executadas. Estas ordens serão colocadas perto dos níveis ideais a partir dos quais você está procurando negociar. Como já sublinhei várias vezes, cenário ideal de negociação ou não, você sempre coloca uma ordem stop. Infelizmente, mesmo a melhor pesquisa do mundo não é garantia de uma negociação lucrativa.

Ajustes para os indicadores de análise técnica

RSI

No RSI, o padrão de 14 é bom para a maioria das operações de FX, CFD, equity trading. No entanto, com negociações de curto prazo, day trade ou swing trade, então o 14 não é o ideal. Sugiro 7 para operações de swing e até 4 para operações de dia.

Bandas de Bollinger

As configurações padrão (20:2) parecem funcionar melhor para a maioria dos traders e eu sugiro que você mantenha esta configuração.

Médias Móveis

Usamos 50, 100, 200. O 50 é o sinal de alerta, 100 é o curto prazo e 200 é o longo prazo.

CAPÍTULO 6
Táticas de Trade

Vejamos as cinco principais razões das perdas dos traders:

1. Expectativas irrealistas, um exemplo disso pode ser que você tenha mil euros em sua conta e espera ter dois mil em um dia ou talvez até mesmo no final da semana.

2. Nenhum plano, como alguns dizem, "não planejar é planejar falhar". Pela minha experiência, além disso, falei com muitos novos traders no passado e o que ouvi depois de lhes perguntar, "por que você fez este trade?" surpreenderia muitos. Já ouvi "não tenho ideia", ou múrmuros sobre isso, um membro da família disse que era uma coisa boa de se fazer, não exatamente a melhor estratégia.

3. Riscos demais, isto geralmente envolve o uso de sua máxima alavancagem que está disponível.

4. Confundir trade com investimento, duas coisas completamente diferentes, trade é uma análise mais técnica pesada, investir mais fortemente nos princípios fundamentais de análise. Por exemplo, com o investimento você tem um horizonte de tempo tipicamente de três a cinco anos, claramente as questões fundamentais são mais importantes. Se você estiver negociando onde é minutos, talvez cinco, até o tempo de espera, então a análise técnica será o motor de sua análise.

5. Sobre e sub-trading, daremos uma olhada nisto um pouco mais tarde.

Algumas soluções

O uso de baixa alavancagem é fundamental porque garante que um mau dia de negociação não acabe com todos os seus lucros. Então você deve observar a regra de ouro dos comerciantes, "sem dinheiro, sem trade", eles não são muitas maneiras de girar isto, se não há dinheiro não há trade, então você quer segurar o dinheiro. A seguir, a escala em escala, aqui você permite que o mercado fale com você. Sim, antes de qualquer negociação, você fará sua análise, mas depois de ter feito sua análise, você permite que o mercado fale com você. Isso significa que se você comprar a cem e o mercado cair para noventa, está lhe dizendo algo, você precisa diminuir sua exposição. Se você comprar a cem e o mercado cair para cento e dez, cem e vinte também está lhe dizendo alguma coisa, agora você pode considerar uma exposição adicional ao mercado.

No forex, selecione alguns pares e conheça-os bem. Não é necessário ser um especialista em vinte pares ou quinze, a linha de fundo continua sendo a linha de fundo, que é ganhar dinheiro. Não é uma competição sobre quantos pares você conhece, mesmo que você esteja fazendo comércio eletrônico ou algo em muitos casos, ainda é bastante específico que você esteja se concentrando em cinco ou seis pares diferentes e não muito mais do que isso.

Muitas pessoas perguntam sobre quais são os bons pares para negociação e eu sugiro que o Eurodollar, Dollaryen, Cable, Dollarswiss sejam bons lugares para começar. Com estes pares não seria um evento excepcional ver uma centena de pips mover-se ou mais. Um dos principais pontos de negociação é que você precisa e quer ver movimentos. Se você colocou uma negociação e nada acontece, depois de já ter pago o spread, então você deu um presente a sua corretora ou banco, então você quer ir onde a ação está. Dos pares mencionados, ao tentar decidir sobre o melhor, você quer verificar os spreads e claramente aqueles com os spreads mais apertados, seu custo de fazer negócios, terá uma vantagem. Isto é básico, quanto mais barato for para você negociar, mais fácil é para você ganhar dinheiro. Não há muitas maneiras de contornar isto, você quer se concentrar nos pares que custam o menor valor para negociar.

Em CFDs e ações, atualizações da empresa, avisos sobre lucros são boas oportunidades de negociação para lucros rápidos. Os preços tendem a ir na direção do anúncio. Por exemplo, sua empresa favorita é incapaz de cumprir a estimativa de lucro trimestral, então as chances são de que as ações caiam e você pode olhar para abrir uma posição curta.

Ao fazer trade, os vencedores e os perdedores, eles se revelam muito rapidamente e você quer remover os perdedores o mais rápido possível. Seu stop loss com forex geralmente é de quinze, vinte ou vinte e cinco pips, dependendo de seu perfil de risco. Para ser muito claro sobre este ponto, estou me referindo à trade, não ao investimento. Se você abre uma posição de investimento onde está olhando para três anos, cinco anos, então sim, se você não está ganhando dinheiro naquele primeiro dia ou naquela primeira semana, nada para entrar em pânico, mas se você está negociando com um período de um minuto, cinco minutos, um dia, então uma história diferente. Com as negociações você quer remover os perdedores o mais rápido possível.

A seguir você quer ter um plano de trade, com seus níveis de parada, níveis de lucro, valores corretos e pares todos definidos. Parece básico, mas sim, se você está tentando negociar Eurodollar, você realmente deve negociar Eurodollar. O termo é chamado "dedos gordos" que infelizmente ocorre diariamente, você quer negociar Eurodollar que você digita em Euroyen, você quer negociar a British Airways, você digita "British Aerospace", isso acontece com muita frequência. Com isso em mente, permaneça alerta com sua negociação para que a coisa correta seja digitada ao executar.

Trade de notícias

Trade de notícias, esta é uma oportunidade onde você chega a negociar sem prestar atenção a ninguém. Um pouco de perigo, um deslize, isto pode acabar com todos os seus lucros. O deslize significa simplesmente que você compra aos cem e tem um stop loss aos noventa, em vez de sair aos noventa, pode ser aos oitenta e cinco, oitenta ou menos.

Para montar um trade de notícias, cerca de meia hora antes do evento, você quer usar configurações de gráficos relativamente apertadas (15 min. a 30 min.) porque este é um negócio agressivo. Para sua entrada, alguns pips acima onde estamos negociando (naquele momento) colocam uma ordem de parada de compra. Alguns pips abaixo colocam uma ordem de parada de venda. Você também pode usar os níveis de resistência e de suporte como orientação, dependendo de seu perfil de risco, você pode apenas colocar uma ordem de parada de compra vinte pips acima e uma ordem de parada de venda vinte pips abaixo.

O ponto de saída é tipicamente o tamanho da faixa. Por exemplo, se a faixa for de trinta pips, você pode usar isso como sua tomada de lucro inicial ou ordem de limite. Alguns traders usam apenas se forem longos, um vinte pips para o prejuízo e depois tomam lucro a cem, cento e vinte pips, dependendo novamente da exposição de risco e do perfil da pessoa. Há algum espaço para brincar com isso, se você estiver em uma posição e estiver obtendo lucro, não precisa tirar tudo de uma vez, você pode escalar para fora gradualmente.

Soluções: Sub-traders e Sob-traders

Voltando aos nossos sub-traders and sob-traders. Os sob-traders não sabem quando parar, eles tentam tirar tudo do mercado. Os sub-traders obedecem à regra dos 2%, mas param porque têm um pouco de lucro. Lendo nas entrelinhas, você está basicamente olhando para a ganância e o medo. Essa regra dos 2%, a propósito, diz que você não deve arriscar mais de 2% do saldo de uma conta em qualquer negociação. Aqui você pode brincar um pouco com isso, 3%, 4%, talvez até mesmo até 5%, tudo bem, mas além disso você está fugindo da diretriz. O objetivo disto é que quando você está usando estes 2, ou 3 ou 4% você está *fazendo com que o fracasso sobreviva*. Em outras palavras, você pode estar muito errado e ainda assim continuar negociando.

Algumas soluções para o sob/sub-trade: você estabelece uma meta de lucro diário, o excesso de negociação para quando eles chegam lá, o sub-trader precisa continuar, e então obviamente todos param quando o limite de perdas diárias é atingido, sem negociações. Finalmente, se seus dados técnicos ou fundamentais de análise não estiverem claros ou, como eu chamo de bagunça, você tem o direito de não negociar.

CAPÍTULO 7
Transição de Demo para Trade Ao Vivo

Este é um tema que preocupa e interessa a muitos dos meus alunos e eu diria que muitos traders de demo em geral. Como passar da situação em que você tem uma conta demo para uma conta que é financiada, onde você realmente colocou dinheiro na conta.

Há algumas etapas: Primeiro, é que você precisa trabalhar com o que eu chamo de um saldo de conta realista. Isto implica que se você está planejando começar a negociar com cinco mil euros, dois mil euros ou dez mil, a quantia não é tão crítica, o que é crítico e importante é que corresponda ao seu saldo inicial pretendido. Se você planeja começar com cinco mil euros, então seu saldo de demonstração precisa corresponder a isto.

O que eu vi pessoalmente no passado com novos traders é que eles passaram pela experiência de demo usando o saldo de demonstração padrão em muitas plataformas. Estes saldos estão normalmente entre cem mil euros ou algumas centenas de milhares de euros, e a pessoa faz muitas negociações demo em cem mil, duzentos mil, depois abre uma conta com dez mil euros, talvez vinte mil euros ou cinco mil euros. Nada de errado com estas quantias, porque obviamente dez mil, até mesmo cinco mil euros, é dinheiro, é algo, mas o desafio que eles enfrentam é que nunca praticaram sobre estas quantias. Eles estavam usando a inadimplência de cem mil, de algumas centenas de milhares e não internalizaram isto. Com internalizar quero dizer que quando se está negociando, é preciso saber como se sente para ganhar ou perder no saldo inicial pretendido. Quer sejam cinco mil ou dez mil, você precisa realmente experimentá-lo mentalmente e de alguma forma fisicamente em seu corpo, negociando no saldo. Depois de passar por isso, quando for hora de mudar para uma conta ativa, prometo a você que não será capaz de dizer a diferença. Isto porque você praticou esta quantia com ganhos e perdas e você sabe como se sente, de modo que quando você vai para a conta real é como uau! a conta real é praticamente como você passou na demonstração que é a questão.

A partir daqui, o próximo passo é utilizar tamanhos de trade realistas ou previstos. Se você tem um saldo de cinco mil, dez mil euros de abertura de conta, então os tamanhos de posição precisam ser cinquenta mil, cem mil, talvez algumas centenas de mil. Esses valores são realistas para esses saldos, para evitar que você não esteja colocando negociações de dez milhões, vinte milhões, quando você sabe que isso não é algo que você normalmente fará. Claro que, se você estiver nessa situação, tudo bem, então você pode ter negócios de cinco e dez milhões, mas isso realmente não é a norma para novos trader.

Para completar a transição para uma conta financiada, obviamente você precisa ter um saldo positivo consistente em sua conta demo. Quando você está negociando não precisa ganhar dinheiro todos os dias, mas no final da semana ou em geral você deve acabar no preto, no mais, que você está ganhando dinheiro. Se você não está ganhando dinheiro em traders de demo, então isso está lhe dizendo que você precisa de uma negociação de demonstração um pouco mais.

Recapitulando, primeiro e eu diria de longe que o mais importante é que você tem este saldo de conta realista, para que você realmente saiba como reagirá mental e fisicamente aos ganhos ou perdas, tamanhos de comércio realistas, e você precisa estar fazendo um lucro consistente em sua conta.

CAPÍTULO 8
Selecionando um Parceiro de Trade

O que você procura quando está pensando em abrir uma conta de trade financiada? Primeiro, uma plataforma confiável, para mim confiável significa que quando é hora de negociar a plataforma está funcionando, também significa que você pode obter preços de vapor (negociáveis) que lhe permitem comprar e vender com facilidade. Se você está negociando com uma corretora que tem uma plataforma que está abaixo mais de duas vezes por ano, então você definitivamente quer considerar mudar, não deveria ser que eles estejam abaixo mais de talvez uma vez por ano, porque a maioria das plataformas estão acima o tempo todo.

A próxima coisa que você quer ver é o que eu chamo de boa liquidez sobre os números. Quando menciono "números", estou me referindo a se você está procurando fazer notícias sobre relatórios de empregos, relatórios de taxas de juros, números de moradias, etc. Há muitos traders onde mais ou menos grande parte de sua estratégia é baseada em negociação como a chamamos no negócio, "sobre números". Isto é negociar no meio de relatórios de notícias de mercado e este é também o momento em que você pode realmente entrar nesta situação de aperto de liquidez. Em um exemplo concreto com a necessidade de boa liquidez sobre os números, digamos que a decisão de taxa do Banco da Inglaterra é anunciada, você está tentando uma negociação, e quando você tenta comprar ou vender e sua corretora continua solicitando os preços ou talvez eles nem mesmo permitam que você execute. Se você estiver experimentando isto regularmente, você deve considerar a possibilidade de negociar em outro lugar, porque você deve ser capaz de fazer a negociação até mesmo por meio de relatórios de notícias.

Finalmente, você definitivamente quer falar com seus amigos, se você tem um amigo que é um trader ativo, informe-se sobre suas experiências com sua corretora. Porque geralmente esta é uma boa fonte de como eles (a corretora) são quando você precisa negociar. Você também vai querer saber sobre o processo quando houver a necessidade de transferir dinheiro para a conta ou a partir da conta. Qual tem sido a experiência de seu amigo? Ela tem sido bastante tranquila ou tem havido muita administração e eles precisaram enviar muitos e-mails a fim de realizar isto.

Em revisão das coisas que você precisa para selecionar um bom parceiro comercial, uma plataforma confiável, boa liquidez sobre os relatórios do mercado e o feedback de seus amigos.

CONCLUSÃO

Obrigado por ter chegado ao final da Análise Técnica para Forex Explicada. Esperemos que tenha sido informativo e capaz de lhe fornecer o primeiro conjunto de ferramentas que você precisa para atingir seus objetivos de negociação usando análise técnica de forex e ganhando dinheiro com ela.

O próximo passo é testar suas habilidades de trade e construir seu capital de risco para que você possa fazer negócios adicionais. Isto lhe dará a motivação de que você precisa para ter sucesso.

Tenho vários outros livros sobre diferentes aspectos da negociação e classes de ativos, por favor, confira-os!

PERFIL DO AUTOR

Wayne Walker é o diretor de uma empresa de educação e consultoria de mercados de capitais globais (gcmsonline.info). Ele tem vários anos de experiência em liderar e treinar equipes de Consultores de Investimento e gerenciou equipes de alto desempenho no Grupo de Clientes Privados com base no Bench Mark Earnings (BME).